청어詩人選 512

거꾸로 매달린 날

아리 이선희 2시집

청어

거꾸로 매달린 날

아리 이선희 지음

발행처	도서출판 청어
발행인	이영철
영업	이동호
홍보	천성래
기획	육재섭
편집	이설빈
디자인	이수빈	구유림
인쇄	정우인쇄

등록 1999년 5월 3일
     (제321-3210000251001999000063호)

1판 1쇄 발행 2025년 11월 10일

주소   서울특별시 서초구 남부순환로 364길 8-15 동일빌딩 2층
대표전화 02-586-0477
팩시밀리 0303-0942-0478
홈페이지 www.chungeobook.com
E-mail   ppi20@hanmail.net

ISBN   979-11-6855-398-9(03810)

본 시집의 구성 및 맞춤법, 띄어쓰기는 작가의 의도에 따랐습니다.
이 책의 저작권은 저자와 도서출판 청어에 있습니다.
무단 전재 및 복제를 금합니다.

이 책은 충청북도, 충북문화재단의 후원으로
2025 예술창작활동 지원사업 공모전 당선으로 지원받아 발간되었음.

거꾸로 매달린 날

아리 이선희 2시집

시인의 말

참이 솟는 찬샘골에서 태어났다
참, 참말을 마시며
몸을 키우고 맘을 적셔

이제서야 나를 본다
아주 조금,

2025년 함께하는 11월
아리 이선희

차례

5 시인의 말

1아리 발길을 기다린다

12 거꾸로 매달린 날
14 느리게 가는 시계
15 그리움을 그리다
16 가야 할 길
17 그리고 남은 자
18 그래도 한 길
19 더미 시대
20 신호등
21 잠이 든 말
22 발은 내일을 간다
23 허허한 날
24 길을 연다
25 때는 때를 깨운다
26 안갯속 첫차
27 집으로 가는 길
28 거울
29 둥지
30 사랑은 눈물이다

2아리 오늘을 만드는 행복

32 삼월이 오는 길
33 꽃길은 혼란스럽다
34 벚꽃이 부른 오늘
35 벚꽃님 가실 때
36 벚꽃 지는 날
37 물에 뜬 꽃별
38 비를 부르는 날
39 망초꽃
40 새벽이슬
41 풍선 같은 날
42 가을 산
43 밤나무
44 가을 소식
45 가을 침입자
46 호숫가 저녁노을
47 겨울 갈대
48 겨울 나비
49 눈길

3아리 어디쯤 계실까

52 어디쯤 계실까
53 굼벵이 앞에서
54 커피 타임
55 뜨거운 밤
56 부러진 삽
57 엽전 꾸러미
58 눈치 바람
59 미나리
60 오월은 아버지의 눈을 가린다
61 할머니의 길
62 장마에 핀 꿀빵
63 노을 여행
64 한가위 풍경
65 어떤 밥상
66 할머니 뜰
67 약 초항아리
68 멈춰진 날
70 백야리의 아침

4아리 봄이 부른다

72 봄이 부른다
73 끽차(喫茶)
74 어머니 빨래터
76 싱그러운 무지개
77 발가락
78 가을 라일락
79 불청객
80 삼월이
81 헌 집 주고 새집 받다
82 빈 깡통
83 지푸라기의 힘
84 어머니 가시던 날
86 어머니의 봄나물
87 낯선 설
88 빈방
89 군화 소리를 기다리며

5아리 색을 칠한다

- 96 충천 중
- 97 반갑지 않은 손님
- 98 삶의 중심
- 99 상처
- 100 밤새
- 101 설 풍경
- 102 구정
- 104 도둑처럼 온 눈
- 106 어머니의 약손
- 108 12월
- 109 홀로서기
- 110 동행
- 111 잃어버린 시간
- 112 사랑 짓던 날
- 114 아오리와 산까치
- 116 핸드폰 속으로
- 118 용서

발문跋文_증재록(한국문인협회홍보위원)
- 120 이루어지는 건 사랑이다

1아리

발길을 기다린다

밖으로 나가지 못해 우왕좌왕
미처 갈피도 잡지 못하는 사이
해는 벌써 저만치 달아난 석양이다

거꾸로 매달린 날

뜨거운 듯 찬물이 솟구치는 그곳
사랑이 무엇인지
이웃이 누구인지도 모른 채
주인 없는 숟가락을 들고 한 식구로 살아온 날
낮은 울타리 안에서 시루떡 콩떡을 찌고 갈라
온 동네 휘젓고 다닌 그 시절의 손이
쪼글쪼글 주름을 챙겨 세월을 불러세운다

해가 뜨고 달이 지면서 왁자지껄해진 나날
귀는 먹먹해지고 손은 굽어져 주춤해지는 사이
밤낮없는 하루에 흔들려
하나둘씩 낯설게 떠난다

반짝반짝하던 눈동자는 안경에 가려져 더듬거리고
입은 그때의 기억에서 터져 오르는
말문을 닫을 줄 모른다

그때나 지금이나 여전히 똑같게 돌아가는 초침은
어느새 그때 엄마보다도 더 세월을 보내고
그 향기를 헤집으며 뒤로 달린다

어느새 벌써 그런 게 아닌데
가슴 속에 살아 숨 쉬는
엄마의 웃음꽃이 활짝 피어난다

느리게 가는 시계

추는 쉼 없이 바삐 가라고 재촉하지만
초침은 듣기나 하였는지
제자리 맴돌 듯 똑딱똑딱 허공을 찌르며
귓구멍 속에서 벗어나질 못한다

해가 오르면 갈 곳과 해야 할 일이
발길을 기다리는데
얽히고설킨 생각은
밖으로 나가지 못해 우왕좌왕
미처 갈피도 잡지 못하는 사이
해는 벌써 저만치 달아난 석양이다

그리움을 그리다

봄꽃 펴 오를 때
세상을 맞이한 첫날
육십의 끝자락을 만지작거리는
맏언니 생일이
네 남매를 한자리로 부른다

어머니 빈자리에는
그분의 이야기로 산을 쌓고
배고픔은 정갈한 음식으로 채우지만
허기진 삶의 일렁거림은
빈 접시만 달그락거린다

때로는 부딪치면서도
고요히 돌고 돌아
바람이 밀어내는 물결 따라
어머니 모습을 닮아가고 있다

어느새 그 얼굴에는
어머니의 숨소리가 깃들어
마음이 출렁거린다
엄마 보고프면 언니 보면 되지요

가야 할 길

스티로폼 박스를 가득 실은 트럭이
쏜살같이 달리는 소형차량과
아슬아슬 주행하다가 쓰러진다
흩어진 스티로폼 박스는
뻥튀기처럼 도로를 어지럽힌다

설렘으로 첫 출근하던 새내기 운전자도
삶의 향내 짙게 풍기는 운전자도
들어설 수 없는 1차선에서 눈물을 쏟는다

안개 속에서
비상등 켜고 주춤거리던 차량
하나 둘 빠져나간다

세상에 홀로 첫발 디디는 날
땀방울 훔치며 내달린다

그리고 남은 자

이른 아침 귀를 찌르는 사이렌 소리에
설거지하던 손은 옥상 계단을 붙잡고
발걸음은 지난 시간 속으로 달린다

무거운 등짐이 버거워
아부지 부르짖을 때
꽉 잡은 짐을 풀어주던 따스한 손
지금 그 손에는 별이 담겨있다

단단히 동여맨 핏줄이라는 끈
항상 곁에 있을 거 같았는데
하나 둘 떠난 자리에 남은 건
가을비와 텅 빈 눈물 창고

그래도 한 길

습관적으로
오르락내리락하던 날을
잠시 뒤로하고
낯선 곳의 바람은
머리를 하늘로 추켜세우고
거칠어진 숨은 입술을 다물게 한다

메마른 땅은 바다를 부르고
바다는 멀리서 슬금슬금
땅을 적셔 들어 올린다
오랜 세월을 들어오고 나가며
땅이 바다를 부른 것인지
바다가 땅을 적신 것인지
경계가 무너진 곳에
씨앗이 떨어져
붉은 꽃을 드문드문 피운다

매번 같은 날을 바라보다가
문득 새로운 날이 다가온다
머리카락 색깔이 변하듯이

더미 시대

햇살 퍼지기 전
차의 라디오 리듬을 타고
한 시간을 달려 고속도로 출구에서 만난
가녀린 손
갓 입사한 듯 해맑은 눈동자가 싱글거린다
바삐 초침을 돌리는 순간에도
서로 웃음을 주거니 받거니 기분 좋은 날이다

하이패스를 달고 나온 새 차
과속 방지를 알리는 내비게이션
인적이 사라진 나들목을 지나
하이패스 전용도로를 거침없이 달린다

이름 모를 새내기의 정겨운 인사가 그리워
가끔은 통행권을 뽑아보지만
카드를 대라는 기계음에
눈을 굴려 새로운 것에 손 내밀면
발걸음은 뒤뚱뒤뚱 넘어진다

신호등

일찌감치 길을 나서도
멈칫거리는 차들이 앞을 가린다
왼쪽으로 가면 숨통이 트이려나
노란 두 줄이 길을 막는다
순간 경적이 요란하다
오른쪽 실선을 넘는 찰나
옆 차를 치고 밀어낸다

가야 할 길은 아직 남았는데
엉켜버린 길
허공에 흐르는 초침을 잡는다

빨간불 초록불에 매인 길
짜인 틀에서 벗어나려다가
모든 일이 어긋나 휘청거린다

잠이 든 말

하늘만 바라보는 갑옷 입은 소나무
비가 두드리고 바람이 손짓해도
언제나 그 자리에서
귀를 열고 우뚝하다

빗물을 눈물로 맞이하며 말을 걸어도
되돌아오는 메아리
안개에 갇힌 산봉우리만 바라보는
벙어리다

정적 속에 깨어진 침묵
휘어질 줄 모르던 속사정
술 한 잔으로 술술 풀어낸 말이
송화 날듯 멀리 날아간다

발은 내일을 간다

두 주먹 불끈 쥐고
어리둥절한 세상을 둘러보니
도화지처럼 깨끗하다
쉬 들어온 밥알 밀치며
맘대로 숟가락 휘저어
밥 한술 먹으려는데
온몸이 밥풀로 꽃을 피우고
무지갯빛 찬란하다

시침 따라
날을 달로 보내고 해를 바라보니
불룩해진 배를 지탱하려
엉성한 발이 뒤뚱거린다
애초 맨발로 정해진 길에서
거추장스러운 신을 벗어 던지고
어머니가 주신 가녀린 발로
흙길을 새롭게 밟는다

허허한 날

오랫동안
귀가 되어준 이어폰이 고장 나
손에 꼭 쥐고 날을 쪼개고 쪼개
어딘지도 모르는 길을
돌고 돌아 찾아간 곳
설명도 수식어도 필요 없다
오래되어서 수리가 불가하다는 말만
허공을 때린다
함께 한 시간은 조각처럼 떠오르는데
회생할 작은 틈도 허락하지 않는다
귓속을 파고들었던 속삭임도
떠나온 곳으로 떠나가려 한다
같이한 시간을 보낼 수 없어
벽에 걸린 사진처럼 바라만 본다

길을 연다

앞서 디딘 발자국 따라 산을 오른다
길은 사라지고 무성한 억새가 눈을 가린다
이제 더 갈 수 없는 막장이라는 듯
휘휘 몸을 감아대는 이파리
바람에 스치는 살갗은
핏줄을 치고 멍이 든다
눈에는 빨간 실금이 그려지고
목구멍을 짓누른 멍울이
이빨 사이로 터져 나오는 신음이 길다

얼마나 흘렀을까
어둠은 시간이 밝혀준다고
허공이 벽을 헐어 빛을 내린다
바람은 물러나 고요했고
스스로 길을 열어 도착한 곳
어미 품을 벗어난 작은 새 한 마리가
하늘 향해 날갯짓한다

때는 때를 깨운다

언제부터인지
어느 나라 글인지
번역도 안 되는 화장품을 얼굴에 바르니
희미해진 주름은 우스꽝스럽다

다양한 국적의 라벨이 붙은 옷을 입고
거울 앞에 서니
어느 시대 사람인지
분간할 수 없다

도시 곳곳엔
어느 나라 마트인지
처음 보는 물건들이 즐비하다

거리에서 부딪치는 슬픈 눈망울에
서투른 말씨가 어깨를 스친다
바뀐 세월의 흐름 속에
잿빛 머리칼은 나이를 읽혀주는데
붉은 노을에 낀 묵은 때는
무지갯빛 지우개도 힘을 잃는다

안갯속 첫차

가끔 첫차를 타는 날은
새벽부터 얼굴이 펄펄 끓는다
빠른 발놀림으로 도착한
안갯속 터미널
등교하는 학생들 틈에서
중심을 잃는다

대합실 의자에 기대어
첫차를 기다린다
텔레비전 속 낯선 언어가
섞인 뉴스는
귓가를 맴돌다 금세 잊힌다

어제와 다른 오늘
새벽안개가 벗어지듯
다른 날을 맞이하면서
바싹 마른 심장을 두드린다

집으로 가는 길

일과를 마치고 집으로 가는 버스 안
잠이 밀려와 창가에 머리를 기대고
눈을 감는다
어렴풋이 떠오르는 환영
여우가 시집간다는 소리를 전하려
창을 두드리는 소나기에
눈을 번쩍 뜨고 주변 눈치를 살핀다
오늘 마무리 짓지 못한 번잡한 일과가
창을 타고 흐르는 빗물에 젖어 내린다

또르르 빗방울이 굴러
어릴 적 모습이 스친다
어머니 손을 잡고 요람 같은 버스를 타고
영화처럼 지나가는 밖 구경을 하면서
신명냈던 그 시절이

비는 장마를 예고하면서 줄기차다

거울

어느 날 거울이 생겼다
반짝반짝 빛난다
매일 바라보며 하얀 이를 드러낸다

오늘도 거울 앞에 선다
내가 보이지 않는다
매일 거울 앞에 있던
나는 어디로 가고
내가 아닌 내가 낯설게 서 있다

너는 누구니?
어디서 왔니?
내가 나인가?

거울 앞에서
열심히 달려온 나
거울 뒤에 숨어있는 나
내가 보이기 시작한다

둥지

펄 펄 날린 눈이
눈부시게 반짝이는
하얀 도화지 나라

개구쟁이 꼬마 장병
빨갛게 물들인
고사리손으로 그린 그림이
속닥거린다

홍시 얼굴엔
두 줄기 빗물이 쏟아져도
눈 속에 핀 동백꽃은
지치지도 않고

두 줄로 선 훈련병들
점호 소리에 놀라
엄마 있는 둥지로
힘껏 달려간다

사랑은 눈물이다

어린 모가 흙과 어울려
달콤한 수박이 되길 기대한다
어둠 속에서 흘리는 눈물로
힘겹게 뿌리 내리는 모습이
가슴을 아린다

갑자기 들이닥친 꽃샘바람
반쯤은 얼어 오그라든 잎
가는 숨소리에 왈칵 눈물을 쏟는다

움츠린 작은 속사랑
그림자로 가려진 시무룩한 얼굴
단비에 빙긋 웃는다

2아리

오늘을 만드는 행복

분주한 일상이 행복한 오늘을 만들며
어제를 보내고 내일을 맞이한다

삼월이 오는 길

붉은 꽃불 퍼지는 소리에
앞으로 달리던 발길
어둠 짙은 곳에서 몸부림치며
퍼 올린 눈물방울 방울
피땀으로 범벅된 거대한 소나무 향불
너를 위해 부르짖은 만세 소리
저 멀리서 들려와
잊지 말라고 잡아 세운다

그날 이후
어제가 오늘인지
오늘이 내일인지
나눌 수 없는 날
가슴 깊이 스며든 분주한 일상이
또 다른 오늘을 만들며
이게 행복이라며
안개 속으로 어제를 보내고
내일을 맞이한다

꽃길은 혼란스럽다

커다란 벚나무 아래서
은필로 그려진 벚꽃
그림자가 사라질 때까지
소꿉놀이하던 동무

흐드러지게 핀 꽃무리는
남과 북으로 평행선을 달린다
같은 듯 다른 어색한 발맞춤에
벚그림자도 멀어진다

우수수 떨어진 꽃눈개비는
서로 다른 방향을 향하지만
바람을 타고 흐르고 흘러
한 바다에서 파도를 덮는다

함께 가야 할 길은 울렁거리고
비틀어진 한숨은
길게 늘어지며 간다

벚꽃이 부른 오늘

코발트색 바다를 잠재우듯
하얀 이빨을 드러내는 벚꽃 조각을
쉴 틈 없이 담아내는 셔터
렌즈에서 벗어난 순간의 일생
오직 자신만 바라본다

담벼락을 넘어선 꽃
따뜻한 품을 열어주던 유채는
벚꽃의 서슬에 놀라
풍차가 돌린 꽃바람 속으로 젖어 들고
남겨진 향기만
아이들 웃음 타고 피어오른다

꽃 속에 묻힌 지난날은 꽃멀미로 토해져
낡은 앨범을 뒤적여도
눈부신 날은 사라지고
오늘은 오늘뿐인 새로운 추억을 찾아
여행 중이다

벚꽃님 가실 때

처음 만나던 날
설레는 가슴으로 한세상 살아 보자고
두 손 꼭 잡고 다짐하지만

스치는 바람에도 흔들흔들
한 잎 두 잎 떨어져
끈질기게 매달려도
툭툭 올라오는 상처가
온몸에 멍 자국만 남기고 간다

이제야 모든 것 내려놓고 돌아보니
눈물로 키워낸 푸른 새싹은
고통으로 이겨낸 세월의 흔적으로
새 열매를 맺기 위한 땀방울이었다

벚꽃 지는 날

하늘은 꽃구름 열리고
땅은 꽃 터널 속으로 달린다
꽃에 취한 붉은 심장은
휘둥그레져 빙그르르 돈다
영원할 것 같은 오늘이 순식간 사라진다

소소한 바람에도 꽃잎의 날갯짓은
우수수 쏟아지는 비늘처럼
반짝거리는 꽃 너울로
호흡을 가쁘게 한다

터진 밥알처럼
이리저리 흩어진 꽃잎은
화려한 어제가 그리워
눈물만 덩그러니 남기고
훨훨 날아간다

물에 뜬 꽃별

순식간에 피어올라
스타 반열에 오른 벚꽃
강 이쪽에서 손짓하고
강 저쪽에서 시샘하듯 손을 뻗친다
꽃잎 수만큼 사람의 발길 홀리더니
밀려온 바람에 속절없이 곤두박질친다

순식간 피어나 순식간에 진 꽃잎은
마지막 힘을 다해 호반 속으로 뛰어든다
물속에서 꽃으로 다시 피어나
어둠 속에서 별과 함께
사랑의 메아리로 돌아온다

비를 부르는 날

먼지 날리던 뜨거운 날
새벽을 깨우는 트럭 타고
여름비 소식을 가득 싣고 달려온다

슬픔이 커다란 날
가슴 속에서 터져
허공을 찌르는 숨소리
빗방울에 의지해
아래로 아래로 떨어진다

아스팔트 위에서
방울 방울진 눈물은 길을 잃어
헐렁한 신발 틈으로 스며들어
심장은 파도 타듯 철썩거린다

망초꽃

지독하다고 할까 모질다고 할까
도심 빌딩 한 모퉁이
수없이 오가는 자동차의 매연을 들이키며
그 자리를 지킨다

모성이라고 할까 사랑이라고 할까
바람결에 살랑살랑하다가
갑자기 빗소리 타고 들려오는 목소리
하얀 수건과 행주치마 두른 엄마
문 앞에서 딸자식 마중하고 들어가
순식간에 계란 반숙을 부쳐 낸다

부엌에 쪼그리고 앉아
엄마의 달콤한 눈물을
사정없이 받아먹기만 한 나

도심 속 망초꽃에
엄마의 주름진 손놀림이 일상을 깨운다

새벽이슬

별빛만 바라봐
보석으로 태어났을까

생각을 타고 고뇌에 빠져
안갯속 수정 같은 이슬을 만들었을까

별도 사라져 가는
사랑의 불씨를 위해 태어났을까

너무 써서 뱉지도 못하는
차가운 진실을 알려주러 왔을까

아침이면 쏟아질 빛으로
위기를 맞이할 이슬의 운명은

아무것도 아닌 날처럼
아무렇지도 않게 받아들인다

풍선 같은 날

회색빛 구름이
바다처럼 출렁이는 날
뻘건 쓰레기봉투 안에
빵빵하게 부풀어 오른 음식물이
환경미화원 손이 닿는 찰나
터져버린다
허공을 향해 아우성치는 음식 찌꺼들
총알보다 무서운 속도로
작은 세상을 뒤엎는다

매일 버려지는 말이
허공을 떠돌다 바람에 밀려
누군가의 심장 속으로 파고들어
언제 터질지 모르는
불안한 씨앗을 만든다

가을 산

온 산을 불태울 기세로
불꽃이 가슴으로 번진다

장난꾸러기가
황금빛을 몰고 와
갈롱 떠는 모습에 까르르
숨넘어가는 지친 모습
초록빛이 퇴색되어
애처롭다

갈잎 속
선비 닮은 도토리
잎 사이 틈을 뚫고
가을 무대에 우뚝 선다

밤나무

가을이면 선조들 밥상보다 먼저
종알종알하는 아이들 웃음소리 들으며
하얀 밤톨을 입에 넣어주는 밤나무

비릿한 사람들의 눈총에는
가시로 날을 세우고
벌에게 내어준 속살
쓰디쓴 상처 자국은
누런 줄을 그어 나이테를 만든다
혈맥처럼 하얗게 새겨진
마지막 밤알
힘껏 던져주고 웃으며 이별을 고한다

새롭게 심어진
어린 밤나무가 견디는 비바람을
여린 제비꽃이 함께 이겨내며
기적이 이루어진다

가을 소식

가을하늘이 새털구름을 찾아
호수로 내린다
아침 안개에 감긴 산은
머리만 내밀어 섬을 만든다

소슬바람이 향기를 날려 물들이는
댑싸리와 백일홍은
신명 나게 춤을 춘다

온 동네 떠들썩하게
소문의 꼬리를 물어 나르던
잠자리가
솟대 위에서 잠잠하다

가을 침입자

이른 아침
긴 무더위에 지친
땀내 나는 여름옷을 빨아 오른 옥상에
보이지 않는 줄이 목덜미를 움켜쥔다
공중으로 무단 침입한 왕거미가
빨랫줄과 빨랫줄 사이에 친 거미줄
평생 흘린 눈물이 방울방울 매달려있다
곡예 하듯 땀방울로 부지런히 지은 집
위대한 성이다
가을 햇살이 천천히 퍼지길
두 손 모은다

호숫가 저녁노을

넘어가는 해가 눈부시게 아름답다
카메라 앞에 서 있는 거대한 산
하늘은 무너지고
눈이 내려 하얀 눈물바다다

강렬한 빛으로 다가와
산산이 부서지는 물
안갯속에 피어난
햇살 같은 사랑
뜨거운 가슴의 불꽃은 꺼지지 않고
떨리는 손에 들린 국화꽃은
눈물 없이는 볼 수 없는 별꽃이 된다

어두운 바람이 몰고 간 자리
이제는 무엇으로
거친 숨결을 진정시킬까
흔들리는 물결이 서로 만나듯
또다시 만남을 기다린다

겨울 갈대

뿌리 깊게 내린 쓸쓸한 갈대
겨울 강가를 하얗게 덮는다

애써 꼿꼿이 서려 하면 할수록
눈보라에 으스스 쓰러진다

지난여름 속삭이던 새들도 떠나고
갈대 속을 헤집던 물고기도 사라지고
마른강물만 무심히 흐른다

먼 산을 바라보며
삭풍에 소리쳐 울어봐도
쓰러진 갈대는 대답이 없다

봄이 오면 다시 살아보자
아름다운 희망을 바라보며

겨울 나비

엊그제 내린 눈으로
어머니께 가는 길은 점점 멀어져 간다
무한한 사랑에 사무쳐
가슴은 찢어진 북처럼
소리도 못 내는 허공을 바라보는데
순간 낯선 나비 한 마리가
머리를 쓰다듬어 준다
세상 밖에 계신 어머니가
어둠을 밝히며 내려오셨나
반짝이는 눈을 맞으며
자식을 만나러 봄을 안고 오셨나

눈길

설밑 눈으로 덮인 날
약속은 눈 속처럼 깜깜하다

시작점을 알 수 없는 길
발자취 따라온 자국은 지워지고
새롭게 찍어야 할 발자국
어디로 찍고 길을 내야 하나
눈동자는 흔들리고
발은 허공에서 비틀거린다

우박처럼 쏟아지는 눈발도
갈 길을 잃은 듯
하늘 향해 거꾸로 치솟는다

툭 눈물을 떨구고
스스로 길이 되어 새길을 열어준다

3아리

어디쯤 계실까

아버지 심장을 빌려 살아온 날
어머니 마음에 깃들어 이어진 날
붉은 꽃 한 송이 가슴에 달아 드리고
더듬더듬 물러난 시간

어디쯤 계실까

동심이 꽃피는 오월
아버지 심장을 빌려 살아온 날
어머니 마음에 깃들어 이어진 날
붉은 꽃 한 송이 가슴에 달아 드리고
더듬더듬 물러난 시간
그 품 안에서 벗어난 날이 없건만
내 날이 급해 애써 모른 척 외면한 날

이날에서 저 날로 가기까지
간다 간다 하며 건너뛴 요양병원
딱딱한 침대에 의지한 어머니
한숨으로 하얀 목련을 허공에 그려
안갯속에 피운다

무거운 몸
여리디여린 자식 가슴에 남기고
훨훨 날아올라 그분 품에 안긴다

굼벵이 앞에서

숨을 쉬기 위한 발걸음이 종종거린다
아침 시침 따라 서두르다가
방지턱에 걸려 넘어진다
허공을 헤집고 일어나 다시 앞으로 달려간다

습관처럼 돌고 도는 날
기억하는 이름은 줄어들고
점점 빈집이 되는 가슴은
번개 치듯 어린 시절로 빠져들고
거미줄처럼 짜인 머릿속은
새로 익힌 인공지능까지 먼지 날리듯 날려 보낸다

밀물처럼 들어와 채워지고
썰물에 자리까지 밀려 나가는 날
이제 느리게 가는 법을 배우는 중이다

커피 타임

손놀림은 둔해지고
눈꺼풀이 무거워진 오후 2시
자리에서 일어나 서성거려도
식곤증은 코앞에 당도한다

도심 한구석
커피 주문을 하기 위해
길쭉하게 늘어선 길
매우 빠르게 아아뜨아 하고
한발씩 비켜선다

커피도 마시기 전
정신 줄 팽팽해져
똘방똘방 구르는 눈

뜨거운 밤

깊은 밤의 골짜기
어둠을 물어뜯는 뉴스
비상계엄령 선포
소스라친다

바람도 소리 내지 못하고
눈은 붉은 화면에 박힌다
발은 종종거리고
손은 부지런하게
문고리를 흔든다

두어 시간 지난 뒤 해제된 계엄령
실상황인지 해프닝인지
스치듯 지나간 시간
쓸어내린 가슴 끌어안고
단잠을 불러본다

부러진 삽

하얗게 무너지는 하늘 아래
이웃집은 조용하고
넘어오지 말라는 노란 경계선은
폭설로 어디가 내 땅인지
보이지 않는다

모두가 떠난 곳
홀로 맞이하는 설
그 어떤 사람이라도 편히 오라고
경계를 넘어서며 쓸고 삽질한다
철없던 시절 어머니의 사랑으로
한없이 행복했던 설을
익숙한 듯 따라 해봐도
얼어붙은 눈처럼
마음은 녹아내리지 않는다

엽전 꾸러미

빈속을 찬 공기로 채우며
동전을 향해 달린다
달아나는 동전을 잡기 위해
급히 뛰어보지만, 더 멀리 굴러간다

헉헉대며 오르는 길
배고픈 줄도 모르고
덩치 큰 식량을 나르는 개미 등은
깜빡거리는 황색등처럼 위태롭다

눈이라도 내렸으면
큰일이라도 났으면
그 핑계로
동그란 구멍으로 들어가
따뜻한 불꽃이라도 피우겠지만

구르던 동전은
어느 발끝에 닿았을까

눈치 바람

봄이 오는 소리에
화사한 옷을 걸치고 시장으로 향한다
왁자지껄한 흥정에 온몸이 분주하다
여기저기 훑어가며
저녁 찬 거리를 손에 들고 종종거리다가
돌부리에 걸려 후다닥 자빠진다
발을 세워 일어서다가 또 미끄러진다
어머나! 온통 웃음소리가
얼굴을 붉게 덮친다
보이는 것은 까만 봉지 안에서 터져 나온
두부와 불린 쌀이 눈발 날리듯 흩어지고
웅성거리는 소리가 민망하다
시퍼렇게 멍든 무릎
봄소식에 제 홀로 들뜬 발걸음이
갈팡질팡한다

미나리

어릴 적
배나무에 매단 그네에서 내려다본 미나리꽝
우물가에서 쌀을 씻고 버려진 뜨물로
봄 향기 가득한
미나리 들판이 만들어진다

어머니는
미나리 줄기에 자리 잡은
거머리를 놋쇠 숟가락으로 유인하고
향긋한 전을 밥상에 올린다

거머리가 입속에서 용솟음쳐
숟가락질은 둔해지고
봄을 품은 미나리는 저 멀리 달아난다

아침 식탁에 오른 키 큰 미나리
거머리도 미나리 향도 사라졌지만
봄바람 타고 온 어머니의 꽃 향만이
콧등 끝에 매달린 눈물을 날려준다

오월은 아버지의 눈을 가린다

어느 결혼식장
애지중지 피워낸 난꽃
세상을 향해 드러낸
아름다운 자태에 눈이 시리다
색색깔로 차려입은 인파
먼저 향을 맡으려 발 싸움을 한다

한 땀 한 땀 꽃으로 수놓은 주단
한 발짝 내딛지 못하고 다리가 휘청거린다
아버지 눈물은 하얀 장갑 속을 파고들고
빛나는 왕관 쓴 딸아이 눈길은
오직 한 사람만 바라본다

오늘만 같아라 절절하지만
아버지는 이미 답을 알고 있다

할머니의 길

노을이 잠들기 전
낡은 고무신 지푸라기로 광을 내고
누레진 모시저고리 빳빳이 세워
길을 나선다

십여 리 걸어 올라선 충혼탑
눈물을 감추고 버선발로 나아가지만
손에 쥐어진 것은
흰 국화 한 송이에 애달픈 그리움이다

하늘은 하얀 구름 띄우고
땅에서 울려 퍼지는 총성은
할머니 가슴에 천둥으로 꽂혀
눈가엔 한 맺힌 그림자만
몸부림친다

휴가 나온 아들 포탄 속으로 밀어 넣고
서성거리는 바람결에도 놀라
뛰는 가슴 잠들지 못해 곳곳에서
눈물의 촛불 올리던 외할머니가
오늘 내 마음을 삼킨다

장마에 핀 꿀빵

찌는 더위 피해 떠난 날
빗줄기는 시원했다
고속도로 한가운데서
쏟아붓는 동이비로 아찔할 때
바퀴 타고 솟구치는 분수의
붉은 물이 화끈거린다
차선을 넘지 못하는 차
중앙 분리대를 넘는 물 폭탄으로
비틀거리며 도망치는 발을 묶는다

부모 몸에서 피어난 사랑의 씨앗
주머니 열고
삶의 꽃을 자신의 빛깔로 피우기 위해
친구 찾아 떠나는 아들
이제 담아내지 못하는 품을 열고
손을 흔든다

노을 여행

저녁 더위를 피해
옥상으로 올라 텅 빈 자리를 본다
풍랑처럼 출렁거렸던 여름날을
차가운 달빛으로 흘려보낸다

달 속에 핀
어머니의 여름 저녁
모깃불 향기 가득한 마당
칼국수 항아리 닮은 배꼽이
달 꽃처럼 활짝 피어난다

잠시
어릴 적 향수로 스며든 저녁 강가
조약돌의 무게가 첨벙첨벙 떠오르는
물수제비가
아직 끝나지 않은
어머니의 달님 이야기로
그리움을 먹는다

한가위 풍경

실바람에 이끌려 오른 산
한 핏줄이라는 끈에 묶여
산기슭을 돌아 하나 둘
한자리에 모인다

어릴 적 뛰어놀던 큰집은 자취를 감추고
얼굴에 굵은 주름이 낯설다
잊힌 시간을 부르며 찻집으로 향한다
짙은 찻잔 속에서
물결치며 피어오르는 말말이꽃
천정으로 날아올라 흩어지는 말말이 향

말값을 두둑이 치르고 나온 카페 뒤로
곱게 물들인 하늘이
오늘을 길게 비춘다

어떤 밥상

아침마다 키 작은 할머니는
빌딩에서 버려진
알맹이 빠진 껍데기를 모아서
어디론가 간다

숨을 헐떡이며 살아가는 현대인
얼굴 한 번 보이지도
눈인사도 없이
한 번의 핸드폰 터치로
해외에서
마트에서
음식점에서
택배기사의 손에 들려
배달된 상자만 산을 이룬다

키 작은 할머니
아침밥을 챙기듯 주섬주섬 모아
작은 리어카를 배불리 먹여
길게 늘어진 햇살을 마주 보며
윤이 나는 쌀밥을 밥상 위에 차린다

할머니 뜰

아침이면 마당 한가운데서
쪽바가지 두드린 불청객
한 상 차려진 목쟁반에 목구멍 채우고
신명 난 각설이 타령으로 화답한다

점심이면 보따리장수들 장터
여왕벌 박제된 꿀 한 통
얼기설기 엮인 얼기미
제사 때 쓸 왕골 돗자리
멍석 깔린 마당이 시끌벅적하다

저녁이면 길쭉한 밤마실꾼들
소죽 위에 찐계란 까며
온 동네 살림 수다로 풀어낸다

가끔은 냉랭한 할머니 쓴소리에서
고단한 어머니 발자취 바라보며
가슴 한편 새겨진 마음 끌어내
오그라든 손을 펼쳐 본다

약 초항아리

새벽이 벗어질 무렵
꽉 막힌 가슴 움켜쥔 동네 아줌마
한 손엔 고봉으로 담긴 쌀종지 들고
대문 두드린다
서너 톨 쌀을 초항아리에 넣고
촛물 건넨 할머니 손은 약이다
그~으윽
깊은 트림에 맞춰
계면쩍게 엉덩이춤을 춘다

명약이라 칭송받던 초항아리
먼지 가득한 구석진 광 속에서
서러움으로 보낸 세월
옛동무 그리워
문 열고 앞뜰에 올라 보니
뒷마당에 펼친 익살맞은
대머리 타령이 체기를 풀어준다

멈춰진 날
―충혼각에서

다시 6월, 향불을 올린다
갓 스물 된 아름다운 청년
나라 위해 휴가를 반납하고 전쟁터로 향한 뒷모습을
엄마는 자주 말씀하셨다
너의 외삼촌이 보고 싶다고

그때 그날이 마지막일 줄 누가 알았으랴
얼어붙은 손을 눈물로 녹이며
빗발치는 총탄이 머리를 스쳐도
앞으로 앞으로 돌진한 용맹
사무치는 어머니 앞에서 어린 동생의 손을 잡고
꼭 돌아온다고 다짐했지만
주인 잃은 군번줄만 고개를 숙인다
젊은 피로 끓어 넘치는 전쟁의 계곡은
백합 향보다 더 진하고
산천을 품은 가슴 깊은 열기는
장미꽃보다 더 붉다

당신, 외삼촌의 소식을 따라
어머니도 동생도 모두 떠나고
가슴 후려치는 아픔은 남은 자의 몫으로 대를 이어

얼굴 한 번 보지 못한 당신 명패 앞에서
올리는 향불, 공간을 진하게 채운다

백야리의 아침

지난봄 피어오른 아지랑이도
거센 비바람을 이겨낸 푸른 물결도
오색찬란했던 가을 병풍도
호수 속으로 깃들어 얼어붙은 삶
또다시 봄은 오고 있는지

어둠이 물러가며
구름도 새들도 티끌 하나 없는 하늘을
호수 속으로 끌어들이고 있다
날이 밝아온다고 알리는 바람결에
놀란 물고기가 얼음을 흔들어 깨운다
방어선을 구축한 철새는
하나 둘 기지개를 켜고
물살 가르며 봄 마중 떠난다

4아리

봄이 부른다

새벽녘 몰래 내린 봄
마중물이 땅속 아지랑이와
힘차게 올라온다

봄이 부른다

아침 문살 두드리는 종달새 노래
귓속이 간지럽다

새벽녘 몰래 내린 봄
마중물이 땅속 아지랑이와
힘차게 올라온다

웅크린 대지를 흔들며
터트리는 아기 손이 기세등등하다

잠자던 나비도
여기저기 날아드는 향기에 취해
사뿐사뿐 어깨가 들썩인다

연분홍과 아기 노랑의 합창이
명지바람 타고 흘러 흘러
목마른 삶을 이끌어준다

끽차(喫茶)

장롱 구석
군내 나는 비단 저고리
떨리는 손길에
미소로 화답하네

인고의 세월 속
주름진 치맛자락
뜨거운 눈물로 활짝 피고

고요한 찻잔으로
쪼르륵 떨어지는
투박한 어머니 손길

오래 품었던 차향
어린 빨간 코 버선발로
살금살금 향 올리네

어머니 빨래터

식구들 꺼풀 겹겹이
머리에 얹고
불똥 떨어진 발로
달려가는 빨래터

엄마 손 놓칠라
종알종알
따라가는 어린 딸
무엇이 그리 신나는지

꽁꽁 언 설움 마중 간
뽀얀 비누 거품
둥실둥실 두둥실
흘러간다

한 서린 방망이질
달아나는 시커먼 때 구정물
둥실둥실 두둥실
사라진다

가슴속 홀로 우는

어머니 시름은
어디로 보내나

싱그러운 무지개

앞만 바라보고 재촉한 발길을
탁
싱그러운 무지개가 발을 거네

턱
올려다본 하늘
꼬물꼬물 아지랑이는
까르르 숨넘어가고
앞서거니 뒤서거니
구름도 달음박질치다가
폴짝폴짝 뛰놀고

배시시 미소 짓는
태양도 나들이할 채비로 분주한데
산머리 살포시 내려앉은 찬 이슬만
눈물로 가득 차네

그래도 가야 하네
코끝에 남은
상큼한 무지개의 향기 데리고

발가락

든든한 엄지발가락
커다란 돌멩이에 찢기어
쓰러진다

묵묵한 둘째발가락
엄지발가락 일으키려
땀방울이 핏방울로 변한다

덤덤한 가운뎃발가락
위 아래 발가락 사이에서
갈 길 잃어 휘청거린다

겁먹은 넷째 발가락
마주하기 벅차
꼭꼭 숨어버린다

천둥벌거숭이 새끼발가락
손에 쥔 광풍으로
다섯 발가락 끌고
벼랑 끝으로 내달린다

가을 라일락

잠자던 라일락이
소스라치게 놀라
허둥지둥 깨어난다

봄이 왔다고
동네방네 큰 소리로 외치니
여기저기서 문 열고 화답한다

옹기종기 따스한 담장 아래
소곤소곤 소꿉놀이
배고픈 줄도 모른다

붉은 옷 갈아입히는 서리 군대는
발맞춰 다가오는데
라일락, 때를 잊은 라일락은
가을을 몰라

하늘이시여
마지막 숨이 다할 때까지
때를 늦춰주소서

불청객

고요한 집 쾅쾅쾅
문 두드린다
성큼성큼 다가와
주방에 차려놓은
밥상머리 숟가락 먼저 든다

뭐야? 누구요?
나? 한때 쌩쌩 달리던 코로나야
고약하다
상한 마음 이끌고
피한다 방으로

달갑지 않다 아니 무섭다
밀어낼 수도 없고 돌아가길 기다린다.
어서 가렴

삼월이

침대 머리맡으로 굴러들던 삭풍
창문에 눈물방울 튕기듯
팽하니 토라진다

눈보라를 견디며 서 있던
수줍은 나뭇가지
안개에 의지해 봄옷으로 갈아입는다

깊은 산속 눈 부스러기가
얼음 속 맑은 물과
팽팽한 바이올린 줄처럼
파르르 떤다

봄 향기 가득 품은 삼월의 치맛자락이
빙그르르 춤을 춘다

헌 집 주고 새집 받다

양성과 음성으로 비틀거린
수술 날 아침
숟가락이 침묵한다

눈감고 수술실 엿본다
낯선 손이
한쪽 허리를 차갑게 누른다
구멍 뚫린 등
빨간 복주머니가 차지한다
눈비로 젖은 몸
발걸음이 누루하다

이끼 낀 성벽
반짝반짝 윤 나게 닦고
사막에 쌓아 올린 집 허물고
매끄러운 대리석 기둥 세운다

빈 깡통

온몸 던져
사랑을 쏟아주고
홑겹으로 버틴 몸
버석거리며
굽어진 허리
된바람에 구르는
텅 빈 깡통

이리 차이고
저리 차여도
가슴 시리도록
찬란한 지난 사랑
고고하게 다시 태어난다

지푸라기의 힘

거센 비바람에 맞선
새파란 이삭이
금빛 벼로 펼치는 눈길
그동안 상처로 견뎌낸
승리의 미소 담담하다

생동 생동 영광의 이삭
꺼끌꺼끌한 옷 털고
매끄러운 입을 타고 흐른다

이삭 털어낸 지푸라기
오그라든 마디마디 꺼내
품어준 땅으로 회귀한다

어머니 가시던 날

두려움 타고 온
천둥 말발굽 소리
휘젓고 간 텅 빈 땅

숨소리 없이 고요히 주무시는
어머니
너무 고단해 깊은 잠을 청하셨나
먼저 가신 아버지
꿈속에서 만나 반가우신가

꺼억꺼억
놀라실까 풀린 입 막고
휘청거리는 몸
엄마 손이 잡아준다

엄마 엄마
너무 긴~ 잠
이제 일어나야지

끝맺지 못하는 이야기
태산 같은데

오랜 고단함을 푸는
단잠 깨우지 못하고

먼 길 떠나시는 어머니 발등을
삼킬 수 없는 눈물이 적신다

어머니의 봄나물

하얀 행주치마 허리에 걸고
이 산에서 저 산으로
나물 찾아 발짝 옮긴다

행주치마 만삭되어
해 꼬리 사라질 때
뒤뚱뒤뚱 대문 밀친다

뜨끈뜨끈한 치마 속 어린 나물들
얽히고설켜 깊은 잠에 빠졌다가
가마솥 끓는 물을
풍덩풍덩 헤치고 나와
햇볕에 마른다

펼 새 없던 어머니의 꼬부라진 허리
오래 누워 쉬시느라 생긴 까만 구멍이
내 가슴을 까맣게 태운다

낯선 설

태풍이라도 다녀간 듯
개미 소리도 들리지 않는 집
하나 둘 떠난 빈자리만
물끄러미 바라본다
쿰쿰한 묵은지와
얼큰한 지고추로 빚어지는 만두는
호호 불며 홀린 주인 잃어
쟁반 가득 쌓여만 간다

정적을 긴장으로 지켜내야 하는 그곳에도
설은 오는지
아들과 헤어져 처음으로 맞이하는
설이 왠지 낯설기만 하다

빈방

자리 비운 주인 방
용기 내 살며시 문고리 잡고
떨리는 가슴으로 밀어본다

떠난 날부터
주인 기다리는
책상 위 뽀얀 먼지
멋대로 널브러진 드럼 스틱

벽을 가득 채운 성경 구절로
출타 중인 주인 기다리며
글 잔치로 시끌벅적한
나그네들

방주인은 언제 오려나
설레며 기다리는
빈객들

군화 소리를 기다리며

― 찜솥
새벽 4시 기상나팔 없이 일어난다
단 한 번도 발 디딘 적 없는 낯선 주방에서
설익은 소리가 딸그락거린다
입대한 아들의 새벽이 떠오른다

푹푹 찌는 더위 앞에서 땀방울 훔치며
가족이 된 장병들의 맛난 밥을 만드는
믿음직한 손이 찜통 속에서 끓는다
군대에서 상차림 하는 아들 손이 떠오른다

엄마 품에 깊이 잠자던 몸
깨우고 연단 하려 남 회피하는 궂은 일자리
먼저 찾아가 귀한 발과 손이 된 아들
많은 것을 버리고 더 많은 것을 얻어오길
진정한 삶을 알아가길 기대한다
아들아!

― 아들 만나기까지
짙게 깔린 어둠 속에서
거칠게 앞을 막는 하얀 파도

차 바퀴가 뒷걸음질이다
안개가 눈을 가려 진부령을 더듬거리는데
아버지가 달려오셔서 이끌어 준다

엄마, 어디쯤예요?
탯줄 이어준 목소리에 뛰는 가슴
생나무에 불 지피듯 눈이 맵다

활짝 핀 하늘 아래 우뚝 선 아들
"22사단 민정 경찰 김 일병 휴가 명받았습니다"
거수경례로 화답한다

— 김 일병
어깨 짓누르는 방탄복과 총으로 무장하고
뛰고 또 뛰는 군홧발이 뒤틀린다
탕탕탕 총소리와 귀를 찌르는 교관의 기합 소리에
놀란 이등병
꿈속 엄마 품에서 무장 해제된다

선임들 스치는 옷자락에도 움츠러들고
고단함에 숟가락 들기도 힘들어
눈물로 식판을 바라본 72일
쓰디쓴 인고의 시간을 뛰어넘어
반듯한 탑 두 줄 김 일병
아빠 엄마한테 신고한다

― 월북 뉴스에 뛰는 가슴
벽두에 귀를 때린 뉴스, 22사단 철책을 넘은 자
빈 총성만 울린다

눈길 안 준 월북 두 글자가
가슴을 후벼 파고 찌른 자리에
뜨거운 숯덩이가 차지한다

얼어붙은 까까머리 얼마나 놀랐을까
꺼져있는 전화에 불을 지펴도
돌덩이처럼 소식은 깜깜이다

"엄니가 걱정하는 일은 일어났을 때 해도 늦지 않아요"
아들이 엄마 손 놓으며 한 말이 삭풍 타고 들려온다

― 솜다리꽃을 기다리며
우수가 두려워 두꺼운 전투복 사이로
기어드는 서러운 바람
언 땅 짊어지고 고뇌하던 솜다리
나른함에 꿈틀거린다

저 멀리 들려오는 군화 소리
한마음으로 지켜내야 할 조국
누군가 해야 할 일

'저, 여기 있습니다'
나라를 향한 열정 용기로 불태우는 아들
나의 아들은 어디에?

— 보고 싶어
얼기설기 짓궂게 내린 눈을
아들 그림자로 밀어내며 마주할 기대로
예고도 없이 한달음에 달려간
300킬로 거기 통일전망대

저 멀리 흐릿한 초소 안에 얼룩점
방울지다 못해 줄줄 흐르는 눈물 훔치고 비비며
아들인가 급히 발을 뗀다
혹 우연이라도 마주칠까 두리번거리는데

작전 중에 노출된 엄마의 모습에
깜짝 놀란 아들 숨찬 문자가 달려온다
"엄니! 진짜 죽어, 빨리 가요"
바람처럼 공중에서 마주친 외마디
후다닥 돌아서며 홀로 남겨두고 오는 발이
돌덩이처럼 굳어진다

— 어머니 마음
군대 간 아들 휴가 온 첫날
가마솥 뚜껑 들썩이고

신들린 손으로 부쳐진 김치전
갓 구운 바삭한 국수 꽁댕이
고소함 가득한 집 뜨락
구부러진 사랑으로 뾰로통한 어린 딸

그 어린 딸이 엄마가 되고
비단보로 키운 아들을 군대 보냈다
눈보라가 몸 휘감고
여우별 들락이는 깜깜한 밤에도
높다란 철책을 지킨다는 아들
칼잠이라도 잘 수 있는지 노심초사다

오늘도 숨 막히는 그리움으로
그때 어머니께 구부러졌던 마음
이제야 곧은 사랑으로 펴진다

— 아들 귀대하는 날
벚꽃잎 흔들거릴 때 손잡은 아들
벚 잎새 입술 적실 때 손 놓는다

빨갛게 비빈 막국수
둔해진 젓가락 슬그머니 내려놓고
동치미 국물만 들이켠다

인적 드문 숲속

자부심으로 가득 찬 배낭 짊어지고
"휴가 마치고 부대 복귀합니다"

차에 오른 숨 길게 몰아쉬며
그리움 끌어안고 설었던 길 익숙하게 달린다

― 말년 휴가
끝이 보이지 않는 곳 오르려
거친 바람을 부른다
마지막 이르는 곳 어디일까?

까만 골짜기를 가른 남과 북
얼룩무늬 옷 속으로 파고드는 두려움 이기려
시간을 조각조각 쪼개어 자신을 가둔다

하얗게 밀려드는 그리움을
파도에 실어 보내고
차곡차곡 쌓인 눈도 숨죽인 눈물로 녹인
그곳의 발자국도 순간의 빛이었다
시간은 달아나 텅 빈 날
가슴에 핀 붉은 동백
황금 화살표가 방향을 가리킨다

5아리

색을 칠한다

쉴 새 없이
각양각색의 색을 칠하던
작은 쇳덩이가 빨갛게 단다
불에 덴 듯 눈동자는
부르르 떨다가 스르르 감는다

충천 중

쉴 새 없이
각양각색의 색을 칠하던
작은 쇳덩이가 빨갛게 단다
불에 덴 듯 눈동자는
부르르 떨다가 스르르 감는다
꼭 쥐고 있던 손이 맥을 놓는다
새벽부터 몸의 방향을 잡았던 스마트 폰

지친 하루 충전을 위한 수요일
메마른 가슴속에
태풍 달리듯 불꽃을 피우는 날이다

반갑지 않은 손님

뽀글뽀글 파마머리의 상추쌈이
시든 입맛을 살려 줘
늘어지게 낮잠에 취한 날

두꺼워진 구름 틈으로
번쩍거린 번개와 천둥이
빗줄기를 불러 담벼락을 세운다
삽시간에 쏟아내는 얼음 총알

피할 새 없이 산산이 부서진 상추
흙탕물이 짓누른다

아무 일 없었다는 듯
순식간에 들이닥친 빗줄기는
얄밉게도 능청스레 어기적거린다

골을 가득 채운 멍든 잎
뿌리로 다시 꽃 피울 날을
손꼽아 기다린다

삶의 중심

지루한 회색 구름이 황금빛으로 물들며
답답한 가슴 풀꽃으로 다시 피어난다
두려움에 목 긴 수탉은 새벽을 알리고
고양이도 매미도 일찍 눈을 뜬다

뜬눈으로 지새운 강 건너 저쪽 마을
느닷없이 들이닥친 검은 야수
부르르 떨리는 손짓이 날을 재촉한다

발은 어디로 향할지
갈피를 잡지 못하는 사이
커다란 방아쇠 가슴을 짓누른다

거침없이 쓸고 간 후 남겨진 것
세울 수 없는 공허가
흰 운동화에 진흙을 묻혀
하얀 집을 꿈꾼다

상처

냉장고 속에서
빛깔에 홀려 잡은 사과
벗겨진 껍질 속으로
멍 자국이 누렇다

구멍을 파고 도려내도
상큼한 향은 없고
퍼석퍼석 시금털털하다

손에 든 사과 조각
먹지도 버리지도 못하며
머뭇거리는 사이
갈색으로 떠나버린다

홀로 드러난 까만 씨
봄이 오는 소리에
눈물로 꽃향 피우고
흠 없는 열매 맺으려
정성을 다한다

밤새

툭 치고 지나간 시간이
얼마큼 갔는지
꽁꽁 얼어 셀 수도 없다
덕지덕지 쌓인 먼지와
슬그머니 내린 눈은 서러워
앞을 가린다

홀로 추위를 밀어내며
밤샘을 한 날
얼음 창고가 된 자동차
뜨거운 바람으로 녹이고
손으로 감싸안아도
삐그덕거린다
동고동락한 세월이
엎드려진다

설 풍경

"모다~"
윷가락 던지는 소리
거실이 후끈 달아오른다
도가 나와도 걸이 나와도
하하 호호
소파가 들썩인다
서로 먹히고 먹힐까
말판 읽으며 후다닥
만세가 코 앞인 말
순식간에 잡힌 말
빠진 배꼽 방바닥에 널브러진
말판을 접는다

책장 모퉁이 시집 한 권 푸드덕
이 손에서 날개 달고
저 입술로 빗장 열고
낭독한다
어설픈 총평도 귀 기울이고
시심으로 가슴 열어
웃음꽃 피운 설날이다

구정

마스크 벗은 첫 설
차례상 없는 문 열고
하나 둘 들어서는 조카들
얼마 만인가
핑 도는 눈물주머니 앞
뛰는 가슴에 안겨준 행복의 계란 꽃이
진정시킨다

학생에서 청년의 중심이 된 세월
각각 공무원 회사원 꼬리표 떼고
핏줄의 힘으로 뭉쳐진
한뿌리의 열매는 아람 지다

형제 사촌이 맞잡은 손
평화가 오르내리고
사랑의 불꽃이 넘실거린다
우리 집 양반 얼굴엔
빙그레 꽃 한 바구니다

눈치 보는 새로운 정도
신선한 맛이지만

묵은 정이 타올라
꽉 막힌 숨통을 터주며
닫힌 길 활짝 열어준다

도둑처럼 온 눈

천장을 달리던 쥐도
문틈에서 쨱쨱글거리던 새도
잠자는 시간
벽에 기댄 요란한 초침 소리가
귀를 찢는다

저 너머 캄캄한 땅에서
소리 없이 내리는 하얀 눈덩이 소식에
비명을 지른다

내일은 설
폭설이 철책을 넘고
삽자루 잡은 손 후들거리고
땅으로 꽁꽁 얼어붙은 발은
어릴 적 놀던 마당이 그리워
까만 눈동자를 눈물로 가린다

가슴에 스며든 아들
전등도 켜지지 않는 깜깜한 밤이
산산이 부서진다

쉴만하면 또다시 시작된 폭설
눈과 전쟁을 치르는 동부전선
꺼지지 않는 눈 폭탄은
언제 잠잠해지려나

힘내라 응원하는 풀잎 소리
아직 멀었다고 울어대던 까마귀가
이끌어준다

사슴이 뛰어놀던 하늘 속 정원
군악대에 맞춰 춤추는 장병
보일 듯 말 듯 날쌘 허리를 돌린다
그날 감독의 숨결로 부어오른 무릎은
날아오른다
온몸을 쑤시며 돌던 피고름도
시원하게 짜낸다

어머니의 약손

비상등 켠 차들이 폭설로 비틀거린다
어디서 미끄러졌는지
코끼리 같은 차가 꽁무니를 후려친다

어둠이 짙어지면
쑤시는 것도 저리는 것도 아니다
마른 뼈를 깎는 듯한 아픔
스며드는 잠을 쫓아낸다
온몸에 피 빨간 물꽃이
눈꽃처럼 피어나
속살을 헤집어 놓는다

뜨거운 안방에서 홍역 앓을 때
'엄마'하고 엉엉 소리치면
자싯물통에서 꺼낸 차가운 손으로
호호 불어 구석구석 쓸어내리면
온몸이 날아갈 듯
시원해
곧 잠에 취한다

지금도 어머니의 그 손길이

간절하다

12월

1로 시작된 첫 달
월북 사건으로 마음 졸이고
가슴 시커멓게 태운
춘풍 탄 산불은 지금도 뜨겁다

묵직한 삶의 발걸음을
멈추게 한 코로나
오늘도 으르렁거린다

안방구석으로 들이친 궂은 비를
시향 빛줄기로 몰아낸 오름 식은
아직 생생하다

누런 들판 뻘겋게 태운 천둥소리
놀란 꽃잎 아스팔트를 하얗게 뒤덮는다

하나가 둘이 된 12월
숨 가쁜 날들을 상기하며
마지막 장을 아쉽게 바라본다

홀로서기

전깃줄 위
어미 기다리던 젖먹이 참새
비를 피해
나뭇잎 사이로 숨는다

지친 몸 돌릴 때
눈에 잡힌 먹음직한 열매
힘껏 쪼아도
깨지지 않는 껍질

주린 배로 서럽게 울다가
눈길 돌려 하늘 보니
까치가 터뜨린 말캉한 홍시
부리를 적신다

단맛을 채운 어린 참새
높이 더 높이 날아오른다

동행

구둣발에 차이고
운동화에 밀려도
고무신은 여전히 길을 품고
유들유들하다
낙엽 바스락 소리도
땅속에 울려 퍼지는 진동도
알아챈다

얽히고설킨 가지 헤치며
한 발짝 한 발짝 옮기며
칡덩굴을 헤친다

뛰어놀던 복슬강아지
신발 한 짝 물고 멀리 달아나
꼼짝없이 주저앉는다

고약한 녀석 기다리며
목화꽃 구름과 이야기 끝날 무렵
눈을 눈물에서 건져
검정 고무신 품고
아리랑 고개를 주인과 넘어 선다

잃어버린 시간

화려한 가을 잔치 끝날 무렵
황급히 대문 두드리는
가시 잃은 붉은 장미
발걸음이 종알거린다

바싹 마른 남은 한 잎
떨구지 못하고
여름 폭풍을
몸부림으로 막아낸
거친 비늘만 벗긴다

훤히 드러난 속살
눈물 감아 보지만
더 커지는 부끄러운 민낯
부릅뜬 겨울 광풍을
어찌할까

사랑 짓던 날

그날
앨범 속에 잠든 꽃 향
바람이 흔들어 깨운다

마음과 마음이
두툼한 나뭇잎을 빌려
이날을 잊지 말라고 새긴다

빗줄기와 기타로
화음을 맞춘 노랫가락이
눈물을 뿌린다

꽃다발 묻어온 웃음 날아오르고
행운의 수유 열매는 흑진주 되어
그 향취는 아직도 코끝이 찡하다

가느다란 촛불
하나하나 피어올라
시의 소망 꽃이 활짝 핀다

한 장 한 장 마주한 날

그 사랑의 손길이 가슴에 밀려와
시야! 시야! 춤추어라

아오리와 산까치

긴 여름 목덜미를 잡아챈
짭짤한 땀방울도 숨어들었다

혼자 집 지키던 어린 새
창문 너머 세상이 궁금하다

나뭇가지에 앉아
바람의 연주로
나뭇잎과 노래하며
엉덩이를 흔들어 댄다

잎새 속에 잠자던 연둣빛
사과의 흥겨움에 얼굴 내민다

놀란 어린 산까치
풋풋한 볼에 생채기를 내다가
덫에 걸려 숨통 조인다

어미의 울부짖음과 만난 아기
신의 도움으로
절뚝이며 까맣게 탄 어미를 따라

아오리는 빨갛게 익기를 기다린다

핸드폰 속으로

끈적끈적한 땀방울 잠을 뒤척인다
핸드폰 속 일상이 일어선다

어머니의 팔순 잔치
그날의 웃음소리가 꽃피고
그날의 춤사위가 아른거린다

입대하던 아들 녀석
조용히 뿜어내던 시름이
달리던 차를 멈추게 한다

그날과 그날을
구석구석에서 쓸어 담은
그중 하나
생생한 시단 오름 식
순간순간의 마음을 주고니 받거니
은혜의 빗소리 타고
가슴속으로 파고든다

감사로 한 땀 한 땀
비단으로 수놓은 시간

핸드폰 속 한쪽에
새 살림살이 풀어놓는다

용서

자동차 앞
마구잡이로 달려드는 빗줄기
쉼 없이 물리쳐도 깜깜하다

폭우로 굴러떨어진 돌덩이
가슴을 시퍼렇게 멍들이고
줄행랑친다

길게 파인 상처
꿰매고 약 발라도 남겨진
상흔이 부끄러움을 부른다

어둠을 찢고 올라오는
빛줄기
덩어리진 멍울을
자유롭게 풀어준다

발문跋文

아리 시인의 날과 날을 돌리며

이루어지는 건 사랑이다

—시집 『거꾸로 매달린 날』

증재록(한국문인협회홍보위원)

발문跋文
아리 시인의 날과 날을 돌리며

이루어지는 건 사랑이다
—시집 『거꾸로 매달린 날』

증재록 한국문인협회홍보위원

1. 아리땁게 나가는 길

 동심으로 돌아간다는 건 얼마나 기쁜 일인가. 물구나무를 서서 세상을 돌려보고 가랑이 사이로 뒤를 바라보며 온갖 사물을 태생의 순수한 모습으로 새겨 본다. 거꾸로 서고 거꾸로 매달려 거꾸로 보는 사물은 거꾸로에서 바로 선다. 눈에 보이고 손에 닿는 것마다 새로운 날을 세워 예리하게 헤치고 있는 시인은 분주하다.
 이선희 시인, 정든 길 아리땁게 나가는 길, 아름지고 아람 벌어 아름다운 생각으로 땅과 하늘과 물 사이를 휘저으라는 '아리'를 필명으로 쓴다. 너와 나의 관계에서 이루어지는 건 모두 사랑이라는 걸 안다. 달콤한 듯하지만 그 속은 쓰디쓴 게 사랑의 약이고 먹어야 하는 밥이다. 그득하지만 가마득한 거기에서 한숨의 목숨 줄기가 푸른 물결처럼 솟아나는 날의 날알을 빻고 씻고 찌고 만난다. 오늘의 원초적 기준을 세워주는 바라보기가 약이 되어 한숨 깊이 뿌리를 찾아 아침을 맞고 한나절을 보내 저녁을 그린다. 사방에서 팔방으로 이어 십 육방에서 원으로 방향 따라 시선을 그으며 풍월은 읊는 여유, 사물에서 깊은 뜻을 새기는 아리 이선희 시인, 시간에 시달려 매듭 있는 생활의 차안(此岸)에서 앞으로 다가서는 사연의 고개를 오르며 내다보는 길목의 피안(彼岸)을 깊숙 깨치는 데는 약을 담뿍 담은 약 초항아리를 어려서부터 품어왔던 마음이 알차서다.

잠이 깨는 시각이면 숨결 쓰다듬는다. 한 번도 기침을 끓여 올리지 않은 목에 손을 모아 머리 숙이고, 심중에서 피어나는 시의 꽃을 함빡 피운다.

2. 숨길의 현장을 본다

시인의 발길은 디디는 자리마다 숨길의 현장이다. 아픔과 슬픔을 마주치면서도 당당하다. 삶의 길은 굽이굽이 돌아도 눈길은 올바르다. 목 한번 숙이지 않고 살아온 날 그 깊이를 어떻게 잴 수 있을까만, 비가 촉촉 물방울 맺는 날, 불에 탄 듯한 양동이에 물을 가득 담아 속을 부드럽게 흘려 다듬으며 아리아리 아리수의 첫머리를 쏟는다. 아리아리 영원한 깨달음이라며 흘러가세! 낮은 곳으로 그게 순리라고, 만남과 이별의 사이에서 피어나는 심리적 고백을 한다.

추는 쉼 없이 바삐 가라고 재촉하지만
초침은 듣기나 하였는지
제자리 맴돌 듯 똑딱똑딱 허공을 찌르며
귓구멍 속에서 벗어나질 못한다

해가 오르면 갈 곳과 해야 할 일이
발길을 기다리는데
얽히고설킨 생각은
밖으로 나가지 못해 우왕좌왕
머뭇거리는 사이
해는 벌써 저만치 달아난 석양이다
—「느리게 가는 시계」 전문

바쁘다. 그만큼 일이 많고 그만큼 분주하고 해돋이와 해넘이를 바라볼 겨를이 없다. 시침은 여전히 똑같은 간격으로 하루를 셈본 한다. 하루가 얽혀 보고픔도 기다림으로 들어가 깜빡한다. 열렬과 열정이 한줄기에서 피우려는 꽃, 소용돌이 속에서도 올바른 길이 솟아오를 거라는 믿음, 행복은 영원하지 않다며 지금 기쁨이 순간을 잡고 이어간다. 솟아오르는 힘의 동력은 희망이다. 초침은 여전히 제자리 돌기지만, 그 힘은 세상을 바꾸며 석양으로 내일을 예고한다.

붉은 꽃불 퍼지는 소리에
앞으로 달리던 발길
어둠 짙은 곳에서 몸부림치며
퍼 올린 눈물방울 방울
피땀으로 범벅된 거대한 소나무 향불
너를 위해 부르짖은 만세 소리
저 멀리서 들려와
잊지 말라고 잡아 세운다

그날 이후
어제가 오늘인지
오늘이 내일인지
나눌 수 없는 날
가슴 깊이 스며든 분주한 일상이
또 다른 오늘을 만들며
이게 행복이라며
안개 속으로 어제를 보내고
내일을 맞이한다
―「삼월이 오는 길」 전문

 만세! 그 소리가 가슴을 울리고 귀한 것은 그만큼 맘껏 질러댈 수 있는 속풀이의 고성이기 때문이다. 만세 그

소리가 얼마나 소중한 것인가. 그동안 겪어온 가지가지의 고초와 고통을 일시에 풀어낼 힘이 후련하게 솟아오른 것, 만세 그 소리에는 기대가 있다. 행복을 줄 것이라는 최대의 소원, 실재하여 잡히지는 않지만, 마음에서 타오르고 쥐여주는 희망의 동력, 그것만으로도 행복하다. 여기저기로 나눌 수 없는 마음을 채우는 그 행복이다.

    동심이 꽃피는 오월
    아버지 심장을 빌려 살아온 날
    어머니 마음에 깃들어 이어진 날
    붉은 꽃 한 송이 가슴에 달아 드리고
    더듬더듬 물러난 시간
    그 품 안에서 벗어난 날이 없건만
    내 날이 급해 애써 모른 척 외면한 날

    이날에서 저 날로 가기까지
    간다 간다 하며 건너뛴 요양병원
    딱딱한 침대에 의지한 어머니
    한숨으로 하얀 목련을 허공에 그려
    안갯속에 피운다

    무거운 몸
    여리디여린 자식 가슴에 남기고
    훨훨 날아올라 그분 품에 안긴다

흔적에는 무엇이 남아있는가
―「어디쯤 계실까」 전문

  찾는 것, 찾아다니는 것이 존재를 살피게 한다. 나는 어디서 왔을까? 그 깊이를 찾아 가장 쉽게 다가서는 심장을 떨게 하는 마음 그 안에서 아버지와 어머니를 찾는다. 버리지 못하는 건 보물이다. 미풍 한줄기에도 가늘게 흔들리는 그리움이 떠나지 않는다. 만들어져 나오고 만나면 사라지는 한 존재에서 이뤄진다. 잠시도 떠나지 않는 기억에서 툭툭 불거져 나오는 몇 줄의 추억, 그 자리에 있으면서 잡히지 않는 그리움의 어머니 아버지다.

  새벽 4시 기상나팔 없이 일어난다
  단 한 번도 발 디딘 적 없는 낯선 주방에서
  설익은 소리가 딸그락거린다
  입대한 아들의 새벽이 떠오른다

  푹푹 찌는 더위 앞에서 땀방울 훔치며
  가족이 된 장병들의 맛난 밥을 만드는
  믿음직한 손이 찜통 속에서 끓는다
  군대에서 상차림 하는 아들 손이 떠오른다

엄마 품에 깊이 잠자던 몸
깨우고 연단 하려 남 회피하는 궂은 일자리
먼저 찾아가 귀한 발과 손이 된 아들
많은 것을 버리고 더 많은 것을 얻어오길
진정한 삶을 알아가길 기대한다
아들아!
―「군화 소리를 기다리며- 찜솥」 전문

아들이 군에 입대하면서 군 생활을 통 알 수 없었던 엄마의 마음이 촘촘히 그려진다. 모두가 가기 싫어하는 주방으로 자원해 들어간 아들, 이후로 상상의 그림이 부쩍 늘어난다. 기상나팔 이전에 먼저 일어나 새벽을 흔들며 맛난 빵을 만들고 찜통 속에서 끓어오르는 땀에 젖어가며 상차림을 하는 아들의 부드러운 손에 굳은살을 박여야 하는 그림이 그려진다. 궂은 일자리라는 건 인내다. 살아가는 길에서 가장 소중한 교훈을 얻고 돌아오길 기원하는 엄마의 마음이 읽힌다.

쉴 새 없이
각양각색의 색을 칠하던
작은 쇳덩이가 빨갛게 단다
불에 덴 듯 눈동자는
부르르 떨다가 스르르 감는다

꼭 쥐고 있던 손이 맥을 놓는다
새벽부터 몸의 방향을 잡았던 스마트 폰

지친 하루 충전을 위한 수요일
메마른 가슴속에
태풍 달리듯 불꽃을 피우는 날이다
―「충전 중」전문

 시대가 발전하면서 스마트폰이 하루의 방향을 좌지우지한다. 새벽부터 길을 안내하던 손짓이 달아올라 몸살져 눕는다. 쉬어야 한다. 쉼이란 재충전, 새로운 불꽃을 위하여 타버린 것들은 버리고 공간을 넓힌다. 손이 일정을 잡고 헤쳐내야 하는 맥은 언제나 분주했다. 쥐어진 각양각색의 색, 하나로 합치면 검정이 되기에 모두 각각 따로따로 살리고 어울려서 무지개를 만들어야 하는 고충, 조용히 쉬면서 품어줄 불꽃을 피운다.

3. 순간을 깬 탄생

 시와 사진의 특성을 남다르게 어울려서 포포(poem & photo)집을 내보인 아리 이선희 시인이 두 번째 시집을 펴낸다. 본시 눈썰미가 빨라 분주한 시인은 뭔가 홀린 듯 새벽을 열며 날을 맞는다. 이제껏 어떻게 시간의 실과 발의 실을 이어서 달리고 있었는지 모르겠다. 매일 목소리 올리고 울려 백오십여 리 길을 나선다. 줄을 연결하고 부드럽게 돌아 8자를 뉘여 ∞무한대로 굴린다. 해 뜨고 달 솟아 가고 지면 수는 날짜로 일어서서 달린다. 머묾 없이 돌아치는 그래서 생각이 달아올라 붉다. 마음은 열렬해 정열적이고 몸은 뜨거워 불꽃이다. 맞는 날이 사그라지지 않아 어디로 흘러갈지 알 수 없어 둘레 치는 방향에 시간을 쪼개 담는다. 돌아와 들어본 적 없고 본 적 없는 오늘의 얘기가 긴장해서 눈 꼭 감고 한순간을 잡는다. 그게 아리 이선희 시인이 보여주는 전부다.

  무한한 길이에서 순간을 깬 탄생이다. 새로운 길을 열어 어둠을 깨뜨리는 빛살의 파동, 굳은 문이 열려 사방을 헤집는 손과 발, 태풍과 우박을 견뎌야 맞이하는 가을에서 금빛으로 살아가는 궁극점을 더듬게 하는 마음을 잰다. 아직 다 이루지 못한 꿈 그래서 더 가치 있는 앎을 향하여 발길이 분주하다. 시심을 열어 깨우치는 형상이 맞는 행복, 묶여 있는 마음의 해방을 위하여 주제를 세우고 소재와 관계를 설정한 자화상. 사물과 현상을 지식에 의하여 바로 보면서 새로운 관점으로 시적 세계를 향한다. 시심이 머무는 사연을 따스하게 펼쳐주고 있다.